ARNOLD GEHLEN ZUM GEDÄCHTNIS

Schriftenreihe der Hochschule Speyer

Band 61

Arnold Gehlen zum Gedächtnis

Vorträge vom 21. Juni 1976
in der
Hochschule für Verwaltungswissenschaften Speyer

DUNCKER & HUMBLOT / BERLIN

CIP-Kurztitelaufnahme der Deutschen Bibliothek

Arnold Gehlen zum Gedächtnis: Vorträge vom 21. Juni 1976 in d. Hochsch. für Verwaltungswiss. Speyer. — 1. Aufl. — Berlin: Duncker und Humblot, 1976.
  (Schriftenreihe der Hochschule Speyer; Bd. 61)
  ISBN 3-428-03803-7
NE: Hochschule für Verwaltungswissenschaften ⟨Speyer⟩

Alle Rechte vorbehalten
© 1976 Duncker & Humblot, Berlin 41
Gedruckt 1976 bei Buchdruckerei A. Sayffaerth - E. L. Krohn, Berlin 61
Printed in Germany
ISBN 3 428 03803 7

INHALT

Begrüßung
    Ansprache des Rektors Professor Dr. Dr. Klaus König 7

Der Beitrag Arnold Gehlens zur philosophischen Anthropologie
    Von Hans Ryffel 11

Arnold Gehlens Analyse der modernen Industriegesellschaft
    Von Helmut Klages 23

HINWEIS ZU DEN ANMERKUNGEN

Die Anmerkungen beschränken sich im wesentlichen auf den Nachweis der Zitate aus Gehlens Veröffentlichungen. Einzelne Begriffe, die bei Gehlen häufig vorkommen und in den Sachregistern seiner Hauptwerke verzeichnet sind, werden nicht nachgewiesen. Eine Bibliographie der Veröffentlichungen Gehlens findet sich in Ernst Forsthoff / Reinhard Hörstel (Hrsg.): Standorte im Zeitstrom. Festschrift für Arnold Gehlen zum 70. Geburtstag (1974), 413 ff.

BEGRÜSSUNG

Ansprache des Rektors Professor Dr. Dr. Klaus König

Arnold Gehlen hat an dieser Hochschule 30 Semester als akademischer Lehrer gewirkt. Das ist nur ein Abschnitt in seinem weitgreifenden Lebenswerk, für uns aber guter Grund, seiner wissenschaftlichen Leistung in einer Vortragsveranstaltung zu gedenken.

Dazu darf ich als Rektor der Hochschule für Verwaltungswissenschaften Speyer zugleich im Namen des Senats zahlreiche Gäste in unserem Auditorium herzlich begrüßen. Mein besonderer Gruß gilt den Angehörigen und Freunden Arnold Gehlens. Der wissenschaftliche Name dieses Gelehrten hat Kollegen von vielen Hochschulen nach Speyer geführt. Ich darf sie zusammen mit Repräsentanten parlamentarischer Institutionen, der Kirchen, der Wirtschaft, der Bundeswehr, der Presse und anderer sozialer Bereiche in unserer Mitte willkommen heißen. Ganz besonders freut es mich, daß zahlreiche Vertreter der Praxis, der Verwaltungen und Gerichte, denen unsere Hochschule in spezifischer Weise dient, unserer Einladung gefolgt sind.

Eine Veranstaltung zum Gedenken an Arnold Gehlen bringt die Persönlichkeiten zusammen, die mit der Entwicklung der Hochschule Speyer aufs engste verbunden sind. Ich begrüße in unserem Kreise Ehrensenatoren der Hochschule, emeritierte Kollegen und Freunde aus der Stadt Speyer. Aus unserem Lehrkörper nenne ich vor allem die Referenten des heutigen Abends, die Professoren Ryffel und Klages. Für die wissenschaftlichen Mitarbeiter und die Hörer des Sommersemesters 1976 bedeutet der heutige Abend zugleich einen Rückblick in die Geschichte der Hochschule. Ich heiße sie herzlich willkommen.

Arnold Gehlen hat seine Tätigkeit in Speyer im Mai 1947 unter äußeren Umständen begonnen, die wir uns heute nur noch schwer vergegenwärtigen können. So benötigten die Briefe, die vor seiner Berufung gewechselt wurden, meist 10 und mehr Tage Laufzeit; ein Informationsbesuch beim Präsidenten der in Gründung begriffenen Hochschule scheiterte daran, daß kein Passierschein zum Übergang von der amerikanischen in die französische Zone zu beschaffen war; eine Wohnung in Speyer war lange Zeit nicht verfügbar.

Unter solchen Bedingungen machten sich einige Wissenschaftler und Praktiker ans Werk, angesichts einer von der Militärregierung vorgegebenen Schulordnung, deren Vorbild die Ecole Nationale d'Administration in Paris war, eine deutsche postuniversitäre Hochschule für Verwaltungswissenschaften zu errichten. Der Bildungsanspruch, der von der „Staatlichen Akademie" — wie sie damals hieß — erhoben und eingelöst wurde, ist bemerkenswert — damals wie heute: Es galt, den nicht nur fachlich hochqualifizierten, sondern umfassend gebildeten Verwaltungsbeamten zu erziehen. Neben Verwaltungslehre, öffentlichem und privatem Recht wurde Ökonomie und Geschichte, Philosophie und Soziologie, Psychologie und Sprachen großes Gewicht beigemessen. Es war nicht beabsichtigt, eine Art Sozialtechnikum zur Vermittlung nur instrumentellen Wissens zu schaffen, sondern eine wissenschaftliche Hochschule zur Heranbildung von verantwortlichen Bediensteten der öffentlichen Verwaltungen. Arnold Gehlen formulierte diese Aufgabe in der ihm eigenen Art und Weise. Ich zitiere aus einem Brief des Jahres 1947 wie folgt: „Ich würde beim Unterricht für Verwaltungsbeamte immer zwei wesentliche Wahrheiten betonen. Das tiefste allgemein menschliche Bedürfnis ist das nach Dauer und Sicherheit, das tragende Bedürfnis aller Ordnungen, der Kultur überhaupt, der Religion, in denen allen der Mensch über sich hinaus lebt. Aber im Menschen liegen auch die Gefährdungen dieser seiner eigenen Ordnungen: der triebhafte Hang zur Überspannung, Übersteigerung, zu rechthaberischer Vergewaltigung zukünftiger Entwicklungen und eine geradezu unwahrscheinliche Plastizität, Verführbarkeit und Korruptibilität. ... Diese Gesichtspunkte müßten aus ganz konkreten, empirischen Stoffen entwickelt werden. ... Was ich nicht vertreten könnte: ... keinerlei starren Katechismus, keine dogmatische Ideologie, die vor den Tatsachen fest steht, weder eine materialistische, noch eine spiritualistische Dogmatik..."

Arnold Gehlen stand anfänglich der philosophischen Abteilung der neuen Akademie vor; später wurde er ordentlicher Professor auf dem Lehrstuhl für Soziologie und Psychologie. In den akademischen Jahren 1951/52 und 1952/53 leitete er die Hochschule als Rektor. Seine Lehrveranstaltungen, die das Bild der Hochschule über die Erinnerung der Hörer hinaus in der Öffentlichkeit mit geprägt haben, lassen sich in verschiedene Themenkreise gliedern: Gehlen begann seine Speyerer Tätigkeit — fußend auf seinen Arbeiten aus den 30er Jahren — mit Vorlesungen über den französischen Philosophen Descartes. Andere große Persönlichkeiten, denen er besondere Lehrveranstaltungen gewidmet hat, waren Machiavelli, Schumpeter und Freyer. Schon hieran zeigt sich, wie sein Interesse Vergangenheit und Gegenwart gleichermaßen zugewandt war. Gleichwohl bleibt zu unterstreichen, was ich an nächster Stelle berichte: daß Arnold Gehlen eine Reihe großer Vorlesungen über die Sozial- und Kulturgeschichte Deutschlands im 19. und 20. Jahrhundert gehalten hat.

Diese historischen Vorlesungen erscheinen in den Vorlesungsverzeichnissen annähernd ebenso oft wie seine Einführung in die Soziologie, mit der ich eine grundlegende Thematik nenne. Zu diesen Einführungsveranstaltungen kamen Seminare und Kolloquien, in denen literarische Neuerscheinungen besprochen und Überblicke über den Stand der Forschung gegeben wurden. Veranstaltungen wie die über „Soziologie der Revolution", „Kapitalismus und Sozialismus", „Gesellschaft und Technik", „Industriegesellschaft" werden für manchen Hörer zu den Höhepunkten seines Speyerer Studiums gehört haben. Im Programm einer Hochschule für Verwaltungswissenschaften fehlten dann Gegenstände wie Bürokratie, Soziologie im modernen Staatsrecht, Verfassungspolitik nicht. Als weiterer großer Themenkreis, der nach dem Weggang Gehlens angesichts seiner Bedeutung für die öffentliche Verwaltung wohl nicht mehr angemessen zur Geltung gebracht werden konnte, müssen noch Psychologie und Sozialpsychologie genannt werden. Arnold Gehlen hatte vor allem in seiner Wiener Zeit Anfang der 40er Jahre auf diesem Gebiet reiche Erfahrung gesammelt und bot sich an, solche Lehrveranstaltungen zu übernehmen, als der Bedarf anderweitig nicht gedeckt werden konnte. Die Reihe der einschlägigen Lehrveranstaltungen erstreckte sich nicht nur auf Sozialpsychologie im allgemeinen und Bereiche wie öffentliche Meinung und Meinungsforschung, sondern umfaßte auch Verwaltungspsychologie und eben aus praktischen Erfahrungen Vorlesungen und Übungen über Persönlichkeitsforschung und Eignungsprüfung.

Ich habe Arnold Gehlen als Referendar während meines Studiums in Speyer kennengelernt. Aus seinem Seminar ist er mir in Erinnerung, wie Helmut Schelsky ihn in einem Nachruf beschrieben hat: ein repräsentativer Denker, ein Geist von großer Originalität und Scharfsinnigkeit, ein Autor von brillantester Sprachgewalt. Wie er aber in Speyer nur einen Lebensabschnitt verbracht hat, so ist auch mein Eindruck zu kurz, als daß hier und jetzt die Persönlichkeit Arnold Gehlens allgemein gewürdigt werden könnte. Eines ist freilich so deutlich, daß es schon am Aufbau der einschlägigen Abteilungen unserer Bibliothek abgelesen werden kann: die fruchtbare Forschungstätigkeit Gehlens. Mehr als 25 Publikationen aus den 15 Speyerer Jahren enthält sein Schriftenverzeichnis. Wenn wir uns in diesem Auditorium mit einem großen philosophischen, soziologischen, psychologischen Werk in einer Weise auseinandersetzen können, daß das zum Selbstverständlichen einer Hochschule für Verwaltungswissenschaften gehört, so hat Arnold Gehlen damit den Anfang gemacht. Sein Wirken verpflichtet uns zu Dank und Anerkennung.

Herr Professor Ryffel, Lehrstuhlnachfolger Gehlens, wird nun über „Den Beitrag von Arnold Gehlen zur philosophischen Anthropologie", Herr Professor Klages, Inhaber eines 1970 zusätzlich errichteten soziologischen Lehrstuhls, wird über „Arnold Gehlens Analyse der modernen Industriegesellschaft" sprechen. Ich darf meine Kollegen bitten, das Wort zu ergreifen.

DER BEITRAG VON ARNOLD GEHLEN
ZUR PHILOSOPHISCHEN ANTHROPOLOGIE

Von Hans Ryffel

Arnold Gehlen hat die Situation der Philosophie um das Jahr 1935 in einem späteren Rückblick dahin gekennzeichnet, daß die Tage der metaphysischen Ambitionen und des Wunsches nach dem großen System gezählt gewesen seien. Dagegen habe Max Scheler mit der in seinem Todesjahr, 1928, erschienenen Schrift „Die Stellung des Menschen im Kosmos" „ein Tor geöffnet, an dem man nicht vorbeigehen konnte"[1]. Scheler skizzierte in diesem für die Gegenwartsphilosophie ungemein folgenreichen kleinen Buch die Hauptzüge einer philosophischen Anthropologie, d. h. einer grundlegenden und allgemeinen Theorie, die die Wesensmerkmale des Menschen zum Gegenstand hat; dies im Gegensatz zu den vielfältigen Human-, Sozial- und Kulturwissenschaften, die sozusagen besondere Anthropologien darstellen, insofern sie besondere Aspekte des Menschen erforschen, von der physischen Anthropologie über die Kulturanthropologie, Psychologie und Soziologie bis zu den historischen und philologischen Disziplinen.

Wie Gehlen im angeführten Rückblick weiter ausführte, entsprach die von Scheler begründete philosophische Anthropologie anscheinend dem Bedürfnis, „eine Modellvorstellung zu besitzen, die den Erfahrungen des modernen Menschen mit sich selbst und dem, was man in erregten Jahrzehnten erlebt hatte, nicht widersprach und es auch gestattete, den täglich wachsenden Vorrat zusammenhangloser Erkenntnisse einigermaßen zusammenzuhalten"[2].

Die angeführten und ähnliche Formulierungen erlauben die Feststellung, daß für Gehlen an die Stelle der überkommenen, metaphysischen und auf das große System ausgerichteten Philosophie die philosophische Anthropologie getreten ist, auch wenn er daraus nicht gleich lauthals ein Programm gemacht hat. Die philosophische Anthropologie dient einem praktischen und theoretischen Bedürfnis zugleich: einerseits trägt sie zur

---

[1] Ein anthropologisches Modell, in: The human context, vol. 1, no. 1 (1968), 1, 3.
[2] a.a.O., 4.

Beantwortung der Frage bei, was es mit dem Menschen auf sich hat und wo er heute steht; andererseits fördert sie die Orientierung inmitten der Erkenntnise, die die Wissenschaften unablässig zu Tage fördern.

Die in vorläufiger Weise so zu verstehende philosophische Anthropologie steht im reichen und vielverzweigten Gesamtwerk Gehlens durchaus im Mittelpunkt.

Als junger Mann von erst 36 Jahren hat Gehlen in einem bewundernswerten Buch, als vielfältigen Quellen gespiest und doch aus einem Guß, das Fundament gelegt. Sein im Jahre 1940 erstmals und 1974 schon in der 10. Auflage erschienenes Werk „Der Mensch. Seine Natur und seine Stellung in der Welt" entwickelt „eine elementare Anthropologie"[3], d. h. die Hauptzüge seines „anthropologischen Modells", auf die er immer wieder zurückgegriffen hat. In seiner Speyerer Zeit hat Gehlen die historischen und sozialen Dimensionen eingearbeitet, so vor allem in seinem zweiten großen Werk „Urmensch und Spätkultur", 1956. Auf diese Anthropologie stützt sich seine Zeitdiagnose und Zeitkritik. Diese kündigte sich im Titel „Urmensch und Spätkultur" des eben genannten zweiten Hauptwerks an, trat aber schon vorher in einer Schrift aus dem Jahre 1949, „Sozialpsychologische Probleme in der industriellen Gesellschaft", hervor und erfuhr 20 Jahre danach in dem Buch „Moral und Hypermoral" eine erhebliche Akzentuierung, die lebhafte Diskussion und Polemik entfachte. Vor allem die kleineren Arbeiten Gehlens sind zeitkritisch ausgerichtet; diese Arbeiten, in denen er sich übrigens als einer der brillantesten Essayisten des heutigen Deutschland erweist. Doch die Zeitdiagnose und -kritik ist ohne das anthropologische Fundament nicht denkbar. Das gilt auch für die „Zeit-Bilder", ein bedeutsames Werk aus dem Jahre 1960, das sich im Untertitel als Untersuchung „Zur Soziologie und Ästhetik der modernen Malerei" vorstellt und als ein Stück anthropologisch fundierter Zeitdiagnose anzusprechen ist.

Auf den Beitrag Gehlens zur philosophischen Anthropologie möchte ich Ihre Aufmerksamkeit gerade heute nicht nur wegen des eben angeführten Stellenwertes der Anthropologie in Gehlens Lebenswerk und in der damaligen geistigen Situation lenken, sondern auch deshalb, weil, wie mir scheint, der philosophischen Anthropologie immer noch eine zen-

---

[3] Der Mensch. Seine Natur und seine Stellung in der Welt (4., verbesserte Aufl. 1950), 14.

trale Stellung zukommt und Gehlens Beitrag nach wie vor aktuell ist — unbeschadet einiger Thesen, die mit Recht kontrovers sein mögen.

Gehlens Beitrag steht im Umkreis verwandter Bestrebungen, denn das von Scheler in die Diskussion eingeführte Thema einer philosophischen Anthropologie konnte nicht übersehen werden. Das Auszeichnende des Gehlenschen Beitrages besteht aber darin, daß er die treibenden Motive der modernen Anthropologie, die den Menschen aus sich selbst zu begreifen versucht, wohl am prägnantesten zum Ausdruck brachte. Werfen wir zur Kennzeichnung der modernen Anthropologie einen Blick zurück. Während der Mensch in der Antike vom Standpunkt des Kosmos und im Mittelalter der göttlichen Schöpfungsordnung aufgefaßt wurde, rückte in der Neuzeit der Mensch selbst in den Vordergrund. Doch wurden zuerst bestimmte Momente des Menschen einseitig betont, was zu einer Anthropologie entweder von oben oder von unten führte: bei Descartes ist der Mensch „ein Engel, der eine Maschine bewohnt"[4] und, wie ich meinerseits beifüge, 100 Jahre später, etwa bei Lamettrie, nur noch Maschine. Die aus der neuzeitlichen Philosophie erwachsene moderne Anthropologie, in deren vorderster Front Gehlen steht, trachtet demgegenüber danach, den Menschen als Ganzes, von den leiblichen bis zu den geistigen Schichten mit einheitlichen, spezifisch menschlichen Kategorien zu erfassen.

Gehlen versteht diese Orientierung an der Natur des Menschen selbst vor allem auch dahin, daß sich die philosophisch-anthropologische Forschung „sorgfältig im Umkreis der Erfahrung"[5] zu bewegen habe. Diesem Erfordernis entsprach gerade Scheler nicht, trotz einiger überzeugender und unverlierbarer Einsichten — so z. B. die „Weltoffenheit" des Menschen —, und Ähnliches gilt für andere, die an ihn anknüpfen. Sog. metaphysische Aussagen, die Erzeugnisse der Reflexion, die über das erfahrungsmäßig Gegebene hinausgehen, bleiben ausgeklammert, und Probleme, die sich als unlösbar herausgestellt hätten, wie das Leib-Seele-Problem, sollen ganz neu angegangen werden. „Bei der heutzutage erreichbaren Stromstärke der Reflexionsbeleuchtung"[6] überzeugen metaphysische Thesen nicht mehr.

Bevor ich das „anthropologische Modell" kurz vorstelle, das auf diese Weise ausgearbeitet wird, ist die „technische Enthaltung von der Meta-

---

[4] Ein anthoropologisches Modell, a.a.O., 5.
[5] Der Mensch, a.a.O., 10.
[6] Ebd.

physik"[7] zu präzisieren. Sie bedeutet, daß die anthropologischen Kategorien und das mittels ihrer konstruierte „anthropologische Modell", im Gegensatz zu metaphysischen Wesensbegriffen, gegenüber Erfahrungsdaten nicht immun sind. Das Modell ist eine „vielgliedrige Hypothese"[8], der Revision bedürftig und zugänglich, namentlich aufgrund der Ergebnisse der Wissenschaften. Gehlen hat sich den Standpunkt einer von ihm so genannten „empirischen Philosophie"[9] zu eigen gemacht.

Die schwierigen Probleme, die eine „empirische Philosophie" aufwirft, seien hier nur im Vorbeigehen erwähnt, insbesondere das Problem der Fundierung der Wissenschaften durch die Philosophie und der gleichzeitigen Abhängigkeit dieser von jenen, sowie die Probleme der Abgrenzung zwischen anthropologischer Grundlagenwissenschaft und synthetisierender Universalwissenschaft vom Menschen. Auch nur vermerkt seien die noch schwierigeren Fragen nach dem Status und der systematischen Verknüpfung der „Kategorien", mit denen Gehlen arbeitet. Dagegen sei hier festgehalten, daß Gehlen einen integralen Erfahrungsbegriff voraussetzt. Seine Empirie beschränkt sich keineswegs auf Daten einer empirisch-analytischen Wissenschaft in der heute gängigen Bedeutung. Vielmehr gehört dazu alles, was in der kritisch durchgearbeiteten Wirklichkeit vorgefunden wird, auf Kategorien zurückgeführt und in ein in sich stimmiges „anthropologisches Modell" eingefügt werden kann. Gehlen verwertet die Ergebnisse aller Wissenschaften und läßt alle Methoden und Techniken zu.

Gehen wir jetzt zu Gehlens „anthropologischem Modell" über, bei dem er sich von der heuristischen Frage leiten läßt, wie sich der Mensch angesichts seiner leiblichen Beschaffenheit und im Vergleich mit dem Tier im Dasein halten kann.

Im Gegensatz zum Tier, das durch seine Instinkte in die Natur eingepaßt ist und so gesteuert wird, ist der Mensch durch „Instinktreduktion" und „Instinktentdifferenzierung" gekennzeichnet, und insofern kann man ihn unter dem Gesichtspunkt der leiblichen Ausstattung mit einem traditionsbefrachteten Terminus ein „Mängelwesen" nennen. Dieser leib-

---

[7] a.a.O., 11.

[8] Zur Systematik der Anthropologie (1942), jetzt in: Studien zur Anthropologie und Soziologie (1963), 17.

[9] Insbes.: Stellungnahme zu den Hauptsachen (1952), jetzt in: Studien, a.a.O., 141; Urmensch und Spätkultur (1. Aufl. 1956), 8, 294.

lichen Eigentümlichkeit entspricht nun aufs genaueste der Befund, daß der Mensch durch und durch ein „handelndes" Wesen ist.

„Handlung", eine kategorial bestimmte Struktur, ist in einem weiteren, aber einheitlichen Sinne zu nehmen, als Eigentätigkeit des Menschen, die sich auf das mannigfaltigste äußert und ohne die sich der Mensch keinen Augenblick im Dasein halten könnte. Handlung ist schon die Regulierung, d. h. Hemmung und Aufschiebung der instinktiv nicht festgemachten, sondern beweglichen und überschießenden Triebe. Ferner ist Handlung die distanzierende Ordnung der Umweltreize, die den Menschen „überfluten". Das anströmende Weltgeschehen wird neutralisiert und distanziert und als Gegenstand festgestellt. Des weitern ist vor allem die planmäßige Veränderung des Ist-Bestandes der Welt Handlung. Durch solche Handlung, nunmehr im engeren Sinne, baut der Mensch seine Welt als eine künstliche auf, in der eigentätigen Auseinandersetzung mit der Natur, mit seinesgleichen und sich selbst. Zu den so aufgebauten Erzeugnissen der Handlung gehören auch die Institutionen und die Kultur. Die Institutionen, in einem engeren Sinne, sind auf Dauer gestellte Handlungsmöglichkeiten, die aus der handelnden Auseinandersetzung mit der Natur, mit dem Selbst und den Mitmenschen erwachsen, dann abgelöst und verselbständigt werden, und die als Fremdbestimmung dem Handeln gegenüberstehen und es normieren, z. B. Ehe, Familie, Stammesordnung, Arbeitsordnung, Staat, Kirche. Und die Kultur, wiederum in einem engeren Sinne, ist der Inbegriff vorgeformter Handlungsmuster der verschiedensten Art — auch als Einstellungen, Weltanschauungen, Wertungen und Wissensgehalte — und zudem der Inbegriff von Artefakten, die, als Geräte und Werke, nichts anderes sind als zu aktueller Wirklichkeit geronnene ständige Handlungsmöglichkeiten: der Hammer ist die ständige Möglichkeit des Schlagens, das Gemälde die ständige Möglichkeit bestimmter Erlebnishandlungen.

Die Institutionen, um darauf mit einem Wort zurückzukommen, haben für Gehlen zentrale Bedeutung. Sie stabilisieren die plastische und riskierte menschliche Natur, die mit „Antriebsüberschuß" und „chronischem Erfüllungsdefizit" fertig werden muß. Eine These, in der wir die hauptsächliche Wurzel des Gehlenschen Kulturpessimismus zu erblicken haben; der Verfall ist danach der natürliche Weg des Menschen. Es war „zu allen Zeiten für die Menschen lebenswichtig, Einrichtungen zu finden, die sie gegen ihre eigene Natürlichkeit schützen, gegen den Antriebsüberschuß, gegen die weltoffene Reizbarkeit und Ablenkbarkeit, gegen die Entspezialisierung der Triebsphäre mit ihrem virtuellen Chaos"[10]. Der

Mensch ist deshalb von Haus aus, wenn er Bestand haben und erst recht, wenn er sich steigern und seine Würde behaupten will, „Zuchtwesen", wie Gehlen mit einiger Härte sagt, Wesen der „Selbstzucht" und der Erziehung.

Wir sehen jetzt, worin die durchlaufende Eigentümlichkeit des Menschen besteht. Das Ganze des Menschen, vom Leiblichen über das Seelische bis ins Geistige, wird durch die Handlung bestimmt. Diese ist „psychophysisch neutral", und so wird das überkommene Leib-Seele-Problem gegenstandslos. Was wir Innenwelt, Seele nennen, läßt sich daraus erklären, daß die Antriebe gehemmt und zusammen mit den Phantasmen ihrer Erfüllung erlebt, d. h. daß sie mit Bildern besetzt und bewußt werden. Im Blick auf die Kluft, den Hiatus, zwischen Antrieb und Handlung kann Gehlen prägnant sagen: „Es ist der Hiatus, der ganz eigentlich das ausmacht, was man Seele nennt[11]."

Trotz der durch alle Schichten durchlaufenden „Handlungs"struktur lassen sich Unterschiede von Leiblichem, Seelischem und Geistigem markieren. Wir können dies mit der besonders wichtigen Kategorie der „Entlastung" verdeutlichen.

Von „Entlastung" spricht Gehlen hinsichtlich des auffallenden Befundes, daß sich der Mensch von seiner „Mängelausstattung", in einem engeren biologischen Sinn verstanden, befreit, d. h. eben entlastet. Wie wir sahen, erfolgt diese Entlastung durch die Handlung. Diese wird immer entlasteter, d. h. sie wird indirekter, und der Schwerpunkt verschiebt sich in die höheren und höchsten, nur noch andeutenden, symbolischen Formen.

Zwar ist schon das sensomotorische Leben, die Wahrnehmung und der mit ihr verbundene Bewegungsablauf, in hohem Maße mit Wahrnehmbarem, d. h. bloß Möglichem durchsetzt: das Auge erfährt „in bloßem Hinblick" nicht nur den Ist-Bestand der Dinge, sondern auch deren Möglichkeiten, nämlich „was sie sein würden, wenn wir uns auf sie einließen, und was dazu zu tun wäre"[12]. Aber noch entlasteter als die über das sensomotorische Leben gebreitete Symbolik ist die Sprache, vermöge der uns das Wort beliebig für Beliebiges zu Gebote steht. Und eine letzte Station der Entlastung ist das Denken, „in sich selbst sozusagen bloße Potentialität"[13]. Freilich, dies ist für Gehlen unwirklicher und nur zu oft

---

[10] Ein anthropologisches Modell, a.a.O., 10.
[11] Zur Systematik der Anthropologie, a.a.O., 52.
[12] a.a.O., 43.

„luxurierender" Geist; wirklich wird der Geist, wenn er, als ein zunächst bloß Mögliches, in Institutionen festgemacht wird und in Haltungen, Handlungen sowie Werken und Geräten in Erscheinung tritt.

Man kann sagen, daß das Moment der Möglichkeit vom Leiblichen über das Seelische bis ins Geistige zunehme, daß eine zunehmende Potentialisierung Platz greife. Der Mensch bestreitet sein Leben nicht in der unmittelbaren Auseinandersetzung mit der Aktualität, sondern begibt sich in übereinander gelagerte Ebenen der Möglichkeit. Ich übernehme damit zur Kennzeichnung der Gehlenschen Position Formulierungen von Carlo Sganzini, einem im Jahre 1948 verstorbenen Schweizer Philosophen und Psychologen, der in vielen Punkten eine frappante Verwandtschaft mit Gehlen aufweist, was dieser in den 50er Jahren selber feststellte, als er die Arbeiten Sganzinis erstmals kennenlernte[14].

Kehren wir nach dieser mehr inhaltlich orientierten Skizze der Anthropologie Gehlens zur eingangs nur kurz angeführten Aufgabe und Tragweite der philosophischen Anthropologie zurück.

Was zunächst die Aufgabe der philosophischen Anthropologie in ihrem Verhältnis zu den Einzelwissenschaften betrifft, so ergibt sich diese sozusagen von selbst aus dem philosophischen Charakter. Die philosophische Anthropologie hat nämlich in ihren Grundbegriffen und in dem durch diese konstituierten „anthropologischen Modell" ihren eigenen Gegenstand, und sie ist vermöge dieses Gegenstandes „logisch jeder speziellen Anthropologie ... vorgeordnet, die von vornherein nur einen besonderen Aspekt des Menschen thematisiert"[15]. Sie ist, wie ich beifüge, Grundlagendisziplin für alle Human-, Sozial- und Kulturwissenschaften.

Die philosophische Anthropologie zieht so den allgemeinen Rahmen, in den sich der Absicht nach alle wesentlichen Tatsachen und Ergebnisse der Einzelwissenschaften, wie Gehlen gerne sagte, „eintragen" lassen, und zwar unbeschadet des Umstandes, daß jede Theorie unter den modernen Bedingungen höchst fragmentarisch bleibt. Ohne sich in die Kompetenzen der Einzelwissenschaften einmischen zu wollen, legt sie deren

---

[13] a.a.O., 51.
[14] Vgl. den posthumen Sammelband: Carlo Sganzini, Ursprung und Wirklichkeit. Beiträge zur Philosophie, Psychologie und Pädagogik, hrsg. von Hans Ryffel und Gottfried Fankhauser (1951), der hier einschlägige Arbeiten vor allem aus den 30er Jahren enthält.
[15] Der Mensch, a.a.O., 12.

Grundbegriffe fest und wird deshalb manches zurechtrücken müssen, z. B. auf die nicht-kognitiven Kategorien und Strukturen, die Primordialität der Institutionen, die verschiedenen Formen der Handlung, die Formen der Ratio und vieles mehr aufmerksam zu machen haben. Darin ist nicht eine Korrektur der Einzelwissenschaft als solcher zu erblicken, sondern ihrer Übergriffe und Versäumnisse.

Der angeführte allgemeine Rahmen, den die philosophische Anthropologie zieht, ist ferner die Voraussetzung für die Zusammenarbeit der ausgefächerten Human-, Sozial- und Kulturwissenschaften. Gehlen selbst hat dies theoretisch nicht weiter reflektiert, jedoch in eigener persönlicher Regie praktiziert: die von ihm betriebene Soziologie war gleichzeitig zumindest auch Sozialpsychologie und Kulturanthropologie, eine Verbindung, die nur grundlegende anthropologische Kategorien ermöglichen können.

Neben dieser Funktion als Grundlagendisziplin hat aber für Gehlen die philosophische Anthropologie noch eine andere, wichtigere, sozusagen vitalere Aufgabe. Sie dient nämlich der Orientierung des Menschen in unserer Zeit und ist die Ausgangsbasis für seine Zeitdiagnose und Zeitkritik, auch wenn er dies nicht immer kenntlich macht. Dies ist nicht so zu verstehen, als ob die philosophische Anthropologie unmittelbare Handlungsanweisung geben könnte. „Die geringste Gefahr, das Leben mit dem Denken zu betrügen, liegt immer noch in einer sorgfältig überwachten empirisch-hypothetischen Wissenschaft[16]." Und zu solcher „Wissenschaft" zählt Gehlen natürlich auch seine empirisch verfahrende philosophische Anthropologie. Diese kann nur die menschlichen Möglichkeiten abstecken, Grenzen aufweisen, im Gang befindliche Abläufe deutlich machen und ähnliches, mit einem Wort: den „Realitätssinn"[17] schärfen.

Die Tragweite der philosophischen Anthropologie wird demnach sehr zurückhaltend und skeptisch eingeschätzt, und ihre Folgerungen für die Ethik stehen unter dem vielsagenden Motto: „Piscis hic non est omnium[18]." Daß hier bestimmte Maßstäbe verborgen sind, die hervorgeholt werden müßten, will ich nur anmerken, auf dieses weite Feld können wir uns nicht begeben. Gehen wir zu einem im vorliegenden Zusammen-

---

[16] Probleme einer soziologischen Handlungslehre (1952), in: Studien, a.a.O., 196.

[17] Das Ende der Persönlichkeit? (1956), in: Studien, a.a.O., 336.

[18] Moral und Hypermoral. Eine pluralistische Ethik (1969), 7.

hang naheliegenderen Punkt über, nämlich zur historischen Dimension, die dem „anthropologischen Modell" zukommt.

Gehlen nimmt zwei, mit fundamentalen Umstrukturierungen des „anthropologischen Modells" verknüpfte „absolute Kulturschwellen"[19] an, die ich hier nur kurz anführe: den prähistorischen Übergang von der Jägerkultur zur Seßhaftigkeit und zum Ackerbau, und sodann den jahrhundertewährenden krisenhaften Übergang zur „Welt-Industrie-Kultur", in der wir uns jetzt befinden. Das Krisenhafte ist nicht etwa die „Welt-Industrie-Kultur" als solche, gegen welche die von Gehlen gering geschätzte sog. Kulturkritik vergeblich anrennt, sondern der im Übergang sich einstellende Zerfall der Institutionen, ein in der Tat ebenso auffallender wie beunruhigender Befund unserer Zeitsituation.

Sowohl die Vertreter einer originär klassischen oder so oder anders abgewandelten praktischen Vernunft als auch die Adepten und Schrittmacher der Aufklärung glauben, auf ihre je verschiedene Weise, dieser Krise begegnen zu können. An die Stelle der bisherigen fraglos akzeptierten, geschlossenen — vorgegebenen — Ordnungen sollen demnach neue, zwar revisionsbedürftige und -fähige, offene, aber gleichwohl gegründete — aufgegebene — Ordnungen treten. Gehlen jedoch hält dies alles für bodenlose und gefährliche Illusionen. Denn nach seiner Auffassung lassen sich Institutionen nicht direkt und bewußt stiften. Sie sind in archaischer Zeit unbewußt — in Verhaltensvollzügen, die ich hier nicht darlegen kann — geschaffen und erst nachträglich mit bewußter Zweckmäßigkeit ausgestattet, „rückwärts stabilisiert" worden. Mit den Institutionen zerfallen auch die durch sie ermöglichten hohen Ethosformen, die allem abhold sind, was sich nach Gehlen heute breit macht: dem luftig-unverbindlichen, dem unwirklichen Geist ebenso wie allen Formen des Wohllebens und bloßer Konsumtion, und sei es auch in sublim-ästhetischem Bereich.

Doch will ich diese Hinweise auf Gehlens Zeitdiagnose und -kritik hier nicht fortsetzen. Sie sollten nur den Zusammenhang mit der Thematik sichtbar machen, die Herr Kollege Klages erörtern wird. Lassen Sie mich aber noch den Satz hinzufügen, mit dem Gehlen den eingangs erwähnten Rückblick auf seine philosophische Anthropologie beschließt: „Vielleicht geht die Menschheit einer Epoche entgegen, in der Hoffnungen gleichgültig werden, weil Tyche regiert, die stärker ist als Zeus[20]."

---
[19] Urmensch und Spätkultur, a.a.O., 110.
[20] Ein anthropologisches Modell, a.a.O., 10.

Dieser Satz gibt mir Anlaß, in abschließenden Bemerkungen Ihre Aufmerksamkeit auf die „technische Enthaltung von der Metaphysik" zu rückzulenken und die weitertreibende Problematik der Gehlenschen Anthropologie zumindest anzudeuten.

Es scheint, daß die entschlossen durchgeführte „Enthaltung von der Metaphysik", die dem modernen Bewußtsein entspricht, nur um den Preis einer Verengung des „anthropologischen Modells" möglich ist, zumal hinsichtlich der Phänomene des Geistes. Diese Verengung zeigt sich allerdings nicht in einem vermeintlichen Biologismus, den man Gehlen immer wieder nachsagt. Denn die sog. höheren Leistungen werden keineswegs auf Leibliches oder gar Physiologisches zurückgeführt. Vielmehr wird gerade gezeigt, daß das spezifisch Menschliche, das Handlungsmäßige, nicht nur in den höheren, sondern auch in den unteren Phänomenen anzutreffen ist, ja bis ins Leibliche reicht, und daß diesem das Seelisch-Geistige entspricht, so wie dieses dem Leiblichen.

Dagegen bezieht Gehlen — abgesehen von da und dort gemachten Vorbehalten, auf die ich hier nicht eingehen kann — eine grundsätzliche Position des Pragmatismus, indem auch die höchsten Entlastungsleistungen, und zwar nicht nur die Institutionen, sondern auch die Weltoffenheit und das Denken, bloße Mittel der Daseinsbewältigung darstellen. Gehlen kommt es, wie mir scheint, letztlich darauf an, das „noch nicht festgestellte Tier" — dies die bekannte Formulierung Nietzsches für den Menschen — festzustellen und ihm auf einer höheren Ebene sozusagen die Sicherheit des Tieres zu geben.

Man muß sich aber fragen, ob nicht die Kategorie der Entlastung die Durchbrechung des Umkreises bloßer Lebensdienlichkeit geradezu verlange, ob nicht in der durch die höchsten Entlastungsleistungen des Denkens eröffneten Sphäre, deren sich das Denken in der Reflexion versichert, Eigengesetzliches zur Geltung komme. Die formal-strukturelle Anthropologie, wie sie Gehlen entwickelt und die die Aufbaugesetze menschlicher Daseinsverfassung in der direkten Erfassung der Sachverhalte nachkonstruiert, ginge dann in eine, sagen wir, phänomenologisch-existentiale Anthropologie über. Der Name ist Nebensache, zu definieren wäre sie als eine Theorie, die die Sinngehalte menschlichen Daseins und deren Voraussetzungen in der Reflexion zu explizieren versucht, z. B. auch die obersten Maßstäbe menschlichen Daseins, mit denen Institutionen gerechtfertigt werden. Die formal-strukturelle Anthropologie, die den Ort phänomenologisch-existentialer Anthropologie vermöge der Kategorie der Entlastung zwar nachkonstruiert, nicht aber deren Inhalte aufzuweisen vermag, würde dadurch als solche nicht angetastet.

Wenn der eben angedeutete Weg gangbar sein sollte, würden wir nicht zur überlieferten Metaphysik zurückkehren. Vielmehr würde die Metaphysik in einer neuen, gleich zu präzisierenden Bedeutung in das „anthropologische Modell" selbst einbezogen. Dieses müßte es nämlich begreifbar machen, daß der Mensch in sinnvoller, nicht luxurierender Weise metaphysische Fragen stellt, d. h. Fragen, die über das Gegebene hinausgehen. Gehlen selber hat den Menschen als stellungnehmendes Wesen verstanden, das namentlich auch sich selbst deuten muß, und die praktische Relevanz z. B. der Alternative, „ob sich der Mensch als Geschöpf Gottes versteht oder als arrivierten Affen"[21], betont. Diese Einsicht verunmöglicht aber, wie mir scheint, von vornherein eine auch nur „technische Enthaltung von der Metaphysik". Das Riskierte des Menschen, sein Nichtfestgestelltsein, erschiene dann in der stets offenen Aufgabe der Sinnstiftung, und die Potentialität in den entlasteten Sphären des Daseins stünde nicht im Dienst gegebener Aktualität, sondern aufgegebener höherer Aktualität — die freilich nicht mehr im Sinn überlieferter Metaphysik gedacht werden könnte. Ob Tyche oder Zeus regieren, bliebe ewig offen, als notwendige Voraussetzung für menschliche Sinnstiftung. Die Bestimmung des Menschen bestünde nicht darin, sich durch die Institutionen konsumieren zu lassen, was Gehlen fordert, erst recht nicht darin, die Institutionen zu konsumieren, was alle Welt, zumal im Westen, sich heute zu tun anschickt. Vielmehr läge die Bestimmung des Menschen darin, über die jeweils gegebenen Institutionen hinauszuwachsen. Das wäre die Substanz der Moderne — vielleicht, wenn ich es so formulieren darf, in einem antiken Stil. Und wir wären, wie ich glaube, nicht weit von Gehlen entfernt. Sein angefeindetes Wort, „daß per saldo am Leben — d. h. am bloßen Leben — nicht eben viel daran ist, trotzdem jeder Laut der Öffentlichkeit das Gegenteil versichert"[22], wäre dann tief berechtigt. Man sollte hier zeigen können, wie sehr viele Aufstellungen Gehlens in die angezielte Richtung weitergeführt werden können, ja drängen, doch darf ich Ihre Aufmerksamkeit nicht länger in Anspruch nehmen.

Ich komme damit zum Schluß. Denen, die sich mit Gehlens Werk noch nicht beschäftigt haben, konnte ich nur wenige und unvollkommene

---
[21] Der Mensch, a.a.O., 9.
[22] Das Ende der Persönlichkeit?, a.a.O., 335.

Vorstellungen vermitteln. Vielleicht geben aber meine Ausführungen den Gebildeten unter den Verächtern der Philosophie Anlaß, sich den zukunftsträchtigen philosophisch-anthropologischen Bemühungen zuzuwenden, wie sie namentlich in Arnold Gehlens Werk Gestalt angenommen haben. Anderen konnte ich vielleicht ein paar Punkte namhaft machen, über die wir nachdenken sollten, um das Erbe zu nutzen.

ARNOLD GEHLENS ANALYSE
DER MODERNEN INDUSTRIEGESELLSCHAFT

Von Helmut Klages

Die wesentlichen derjenigen Arbeiten, in denen Arnold Gehlen seine Analyse der modernen Industriegesellschaft vorlegt, konzentrieren sich auf die Jahre 1941 bis 1961, d. h. also auf die Nachkriegszeit im weiteren Sinne. Mit dieser Datierung verbinden sich Zeitumstände und lebensgeschichtliche Daten, die das Gepräge des soziologischen Gehlenschen Werks mitbestimmen:

Erstens ist um diese Zeit die Rezeption der später immer einflußreicher werdenden amerikanischen Soziologie erst in den Ansätzen im Gange. Gehlen gehört nicht zu denen, die die neue Entwicklung tragen. Er steht auch der empirischen Forschung fern, die um diese Zeit von seinem Schüler Schelsky mit angestoßen wird. Seine Bezüge sind weitgehend Rückbezüge, die teils auf die Tradition der deutschen Soziologie des ersten Jahrhundertsdrittels, teils aber auch auf das 19. Jahrhundert verweisen. Max Weber, daneben z. B. aber auch Karl Marx, spielen eine wichtige Rolle. Außerdem wird das Denken Gehlens in starkem Maße von der Vermassungsdiskussion der 50er Jahre beeinflußt. Ortega y Gasset und Hendrik de Man sind Autoren, die eingearbeitet, freilich auch kritisch distanziert werden. Endlich wehrt sich Gehlen, mit seinen eigenen Worten, „durchaus nicht dagegen, ... in dem Zusammenhang von Vorstellungen gesehen zu werden, die von der Kulturtheorie in der ersten Jahrhunderthälfte", d. h. also in erster Linie von Toynbee und von Spengler, „entwickelt wurden"[1]. Wenn man in der Gehlenschen Analyse der modernen Industriegesellschaft nach Denkelementen sucht, die in der damaligen Situation völlig neuartig sind, dann findet man sie — abgesehen von Gehlens eigenen Ansätzen — insbesondere in der modernen Sozialpsychologie, wie sie in den 50er Jahren in der Bundesrepublik von Peter R. Hofstätter bekanntgemacht wurde.

---

[1] Die Seele im technischen Zeitalter. Sozialpsychologische Probleme der industriellen Gesellschaft (1957, Neubearbeitung der Schrift „Sozialpsychologische Probleme in der industriellen Gesellschaft", 1949), 82.

Wenn ich sagte, daß sich die auf die moderne Gesellschaft bezogenen Arbeiten Gehlens auf die Jahre 1949 bis 1961 konzentrieren, dann bedeutet dies nun zweitens, daß sie im wesentlichen in seiner Speyerer Periode entstanden sind. Tatsächlich läßt sich ohne jede institutionenbezogene Effekthascherei und Selbstgefälligkeit sagen, daß der Standortfaktor Speyer in den Arbeiten, die für uns wichtig sind, tiefe Spuren hinterlassen hat. Dies gilt z. B. für die Aufsätze „Industrielle Gesellschaft und Staat", „Bürokratisierung" und „Das Berufsbeamtentum in der modernen Gesellschaft", d. h. für Arbeiten, in denen der Umbau des Staates zu einem „Daseinsvorsorge" betreibenden Wohlfahrtsstaat einer eindringlichen, glänzend informierten, von intensiven interdisziplinären Kontakten zeugenden Analyse unterworfen wird.

Drittens und letztens weist die Zeitangabe 1949 bis 1961 nun aber auch auf eine Gleichzeitigkeit der soziologischen und der späteren anthropologischen Arbeiten Gehlens hin, die auf tiefe innere Verknüpfungen schließen läßt. In der Tat ist Gehlens Analyse der modernen Industriegesellschaft, wie Herr Ryffel schon sagte, an entscheidenden Punkten nur auf dem Hintergrund seiner Anthropologie verstehbar. Wir werden auf diesen Punkt im weiteren Verlauf nochmals zu sprechen kommen müssen.

Wenn ich nunmehr direkt zum Aussagegehalt der Gehlenschen Analyse der modernen Industriegesellschaft übergehe, dann möchte ich zunächst eine Bemerkung vorausschicken, welche die formale Struktur der in Frage kommenden Texte betrifft: Anders als die Gehlensche Anthropologie, die in dem Buch „Der Mensch" mit beeindruckender Systematik vorgelegt wird, verbleibt die Gehlensche Analyse der modernen Gesellschaft weitgehend auf der Ebene von nebeneinander stehenden Einzel-Essays, die zwar miteinander verknüpft sind, deren gegenseitige Bezüge jedoch oft nur skizzenhaft angedeutet sind. Gehlen, der ein ungeheuer sensibles Organ für Komplexität hatte, hat, so kann man spekulieren, mit dieser dezentralen Aufbaustruktur der Komplexität der modernen Welt, die von ihm immer wieder betont wird, Rechnung getragen. Er hat seinerseits eine Komplexitätsreduzierungsstrategie betrieben, wie sie uns aus der Beschäftigung mit politischen und administrativen Institutionen wohl vertraut ist.

Hier wie dort verursacht eine solche Strategie nun allerdings ihre ‚Kosten'. Im Falle Gehlens bestehen diese Kosten darin, daß dem Leser an verschiedenen Punkten im Hinblick auf die Deutung der Aussage Ermessensspielräume eingeräumt werden, mit denen sich der Autor dem Leser gewissermaßen anvertraut und in die Hand gibt. Gehlen wurde vielfach das Opfer dieses Vertrauens. Er wurde z. B. — und wird immer noch — von manchen als Erzkonservativer verschrien oder gefeiert, d. h., wie ich meine, verkürzt interpretiert und teils auch mißverstanden.

Mir scheint angesichts dieser Verkürzungen und Mißverständnisse die Hervorhebung der von Gehlen selbst nur beiläufig aufgezeichneten systematischen Struktur seiner Gesellschaftsanalyse dringlich. Ich will mich nachfolgend insbesondere dieser einen Aufgabe widmen. Ich werde mich dieser Aufgabe auf eine Art und Weise entledigen, die manchem von Ihnen allzu anspruchslos erscheinen mag. Ich werde nämlich möglichst Gehlen selbst zu Wort kommen lassen, ohne ihm mit eigenen Kommentaren und Interpretationen allzu sehr in die Rede zu fallen. Diejenigen von Ihnen, die Gehlen kennen, werden allerdings entdecken, daß ich bestimmte Dinge hervorhebe, andere zurücktreten lasse, d. h. also gegenüber den Texten gewisse Umgewichtungen vornehme. Außerdem werde ich aber auch umgruppieren, so daß Sinnzusammenhänge deutlicher werden, die beim bloßen Lesen zunächst nicht so sehr ins Auge fallen. Ich lasse mich bei diesem Vorgehen von Gehlens eigener Frage leiten, ob denn die „lauten, die prägnanten und aufdringlichen Phänomene", mit denen man sich bei der Analyse der Gegenwart zwangsläufig bevorzugt beschäftigen müsse, „wirklich die repräsentativen" seien, diejenigen also, die den „ausschlaggebenden Trend"[2] der Verhältnisse verkörpern. Ich will versuchen, in meiner Nachzeichnung der Gehlenschen Analyse ein Gleichgewicht zwischen diesen verschiedenartigen Phänomenen herzustellen. Dies ist meines Erachtens erforderlich, um zu einem unverzerrten Gehlen-Bild und -Urteil zu gelangen.

Es erscheint mir naheliegend, bei der verschiedentlich auftauchenden, von Herrn Ryffel schon ins Spiel gebrachten Gehlenschen Feststellung zu beginnen, es habe in der bisherigen Geschichte eigentlich nur zwei „wirklich entscheidende Zäsuren" gegeben: den „prähistorischen Übergang von der Jägerkultur zur Seßhaftigkeit" im Neolithikum und den „modernen zum Industrialismus". In beiden Fällen war, sagt Gehlen, „die geistige und moralische Revolution total"[3]. Der Übergang zur Seßhaftigkeit brachte die Bindung des Menschen an den landwirtschaftlich zu bearbeitenden Boden mit sich. In Verbindung damit entstanden — mit

---
[2] a.a.O., 85.
[3] a.a.O., 71.

welthistorischer Unvermeidlichkeit — Systeme von Göttern, Familien- und Gruppenordnungen, Völker, Reichtumsdifferenzierungen und Herrschaftsordnungen. Ein entscheidender Punkt in diesem alles Bisherige umstürzenden Gesamtvorgang war, nach Gehlen, daß die Hege und Pflege von Tieren und Pflanzen, die durch die landwirtschaftliche Produktionsgrundlage gefordert wurde, die Entwicklung einer Moral erzwang, in der Dienst- und Pflichtbegriffe eine entscheidende Rolle spielten und in der ethische, soziale und ökonomische Kategorien noch zusammenfielen (Gehlen vermerkt in diesem Zusammenhang z. B., daß Reichtum nicht in abstrakten Geldeinheiten, sondern in lebendigen Tier-Einheiten gemessen wurde und daß die alten Bezeichnungen für „Geld" mit Bezeichnungen für bewirtschaftete Tiere identisch waren). Die psycho-moralische Grundlage der vorindustriellen Agrargesellschaften schloß, nach Gehlen, die Akzeptierung vielfältiger Abhängigkeiten von überlegenen Naturgewalten, wie auch eine grundsätzliche Verzichtsbereitschaft ein. Sie verbot außerdem jeglichen Zweifel am Recht auf Eigentum, welches sich vielmehr quasi natürlich aus der intensiven Verquickung von Besitz und persönlicher Verantwortung ableitete.

Das Einsetzen des Industrialismus bedeutete nach Gehlen notwendigerweise das Ende dieser spezifischen Konstellation von Gegebenheiten. Die Mehrzahl der Menschen wurde oder wird immer noch, wie Gehlen hervorhebt, durch die Industrialisierung aus der landwirtschaftlichen Urproduktion „abgeschichtet". Aus diesem einen Vorgang leiten sich, so stellt er fest, Konsequenzen ab, die ebenso grundstürzend sind wie die Änderungen, welche der Übergang zur Seßhaftigkeit mit sich gebracht hatte. Dabei fällt besonders ins Gewicht, daß der Industrialismus die psycho-moralische Grundsubstanz der vorangegangenen Jahrtausende abbaut, ohne sogleich eine neue an ihre Stelle zu setzen.

Es scheint wichtig, bereits hier, an diesem frühen Punkt, auf eine Aussage hinzuweisen, die in den Texten Gehlens verhältnismäßig versteckt auftritt, die jedoch für das gesicherte Verständnis seiner Position wichtig ist. Gehlen spricht einige Male davon, daß sich mit den geistigen und moralischen Revolutionen, welche der Umsturz der materiellen Produktionsweise mit sich bringt, „Krisen des Übergangs" verbinden, welche den betroffenen Zeiträumen den Charakter von Übergangszuständen verleihen. Die Krise des Übergangs von der Jägerkultur, über die wir keine Dokumente besitzen, dauerte, wie er vermutet, wahrscheinlich Jahrhunderte, und auch wir leben heute, so stellt er fest, im Zeichen der noch nicht abgeschlossenen industriellen Revolution, in einer solchen

Übergangszeit. Diese charakterisiert sich darin, daß sich gleichsam negative, pathologisch anmutende Zerfallserscheinungen häufen, während die eigentlich zukunftsträchtigen Entwicklungen zunächst noch schweigend und verhältnismäßig unsichtbar unter der turbulent bewegten Oberfläche der Dinge heranreifen.

Nun, Gehlen verwendet viel Energie, analytischen Scharfsinn und essayistisch-treffsichere Formulierungskunst auf die Darstellung der negativen, der spätkulturellen Phänomene der Gegenwart. Diese lassen sich im wesentlichen aus zwei unmittelbaren Begleiterscheinungen der Abschichtung der Bevölkerung von der landwirtschaftlichen Urproduktion ableiten: Einmal führt die explosionsartig zunehmende Arbeitsteilung, die sich mit der Industrialisierung verbindet, dazu, daß die Mehrheit der Menschen in Abhängigkeit von grundsätzlich undurchschaubaren höchst komplexen Funktionszusammenhängen gerät. Der einzelne Mensch steht zunehmend vor der Aufgabe, sich an übermächtige Verhältnisse und „Großwetterlagen" anzupassen, deren innere Struktur und Herkunft ihm intransparent sind und die ihm kein eindeutiges Verständnis des Zusammenhangs zwischen dem, was er selbst tut, und dem, was ihm von außen widerfährt, vermitteln. Warum die Preise einmal steigen und ein anderes Mal fallen, warum er arbeitslos wird, obwohl er fleißig arbeitet, warum er plötzlich in eine andere Steuerklasse gerät — alles das sind für den Normalverbraucher Dinge, die er ungeachtet der lebenswichtigen Bedeutung, die sie für ihn haben, nicht verstehen (geschweige denn einsehen) kann.

Für den Menschen ergibt sich aber aus alldem eine Situation, der er schwerlich gewachsen ist. Er, der von Haus aus ein Bedürfnis nach Stabilität und Entlastung besitzt, sieht sich zunehmend einer hochkomplexen, offenbar instabilen, ihn potentiell bedrohenden und nur esoterischen Zirkeln vertrauten Umwelt gegenüber, die ihn in eine extreme Belastung versetzt. Da er den Zustand der Angst und der Unsicherheit, in den er hierdurch gerät, nicht aus seiner eigenen Erfahrungslage heraus bewältigen kann, beginnt er damit, Meinungen und Einstellungen auszubilden, die seinen Erfahrungshorizont überschreiten. Solche Meinungs- und Einstellungsentwicklungen sind anthropologisch gesehen insofern funktional, als sie das Individuum mit Umweltdeutungen versehen, die sein Stabilitäts- oder Ordnungsbedürfnis befriedigen. Man macht sich die Welt ja mit Meinungen ‚zurecht', um sich in ihr zurechtzufinden. Gehlen zufolge geht aber Meinungen und Einstellungen, die sich im Zustand des Erfahrungsverlustes bilden, typischerweise der Realitätssinn ab. Sie neigen zur Weltfremdheit und werden in starkem Maße vom Affekt bestimmt. Es finden sich in ihnen außerdem stets Spuren von Enthemmung, die entweder in die Richtung eines passiv-begehrlichen Konsumierenwollens, oder auch in die Richtung eines tatbereiten Utopismus weisen, der der Welt mit einem leichtfüßigen Veränderungswillen gegenübertritt, in welchem die Weltfremdheit zu einer aktivistischen politischen Attitüde umschlägt.

In dieselbe Richtung weist, nach Gehlen, nun aber auch eine zweite Begleiterscheinung der Abschichtung der Bevölkerung von der landwirtschaftlichen Urproduktion: die Auswechslung von Tieren und Pflanzen durch eine anorganisch fundierte Technik. Gegenüber der anorganischen Natur, der Kohle, der Elektrizität, der Atomenergie ist, wie Gehlen meint, keine ethische Einstellung möglich. Man kann ihnen gegenüber und mit ihrer Hilfe vielmehr nur die Einstellung des maître et possesseur de la nature, d. h. also einen auf Expansion bedachten, Grenzen grundsätzlich nur als vorläufig anerkennenden Herrschafts- und Fortschrittswillen entwickeln. Dieser schlägt sich in einer das Zeitklima mitcharakterisierenden „grenzenlosen optimistischen Bereitschaft für Zielsetzungen, Planungen und Neuorganisationen"[4] nieder. Diese arbeitet wiederum aber der durch den Erfahrungsverlust bedingten Enthemmung in die Hände, indem sie sie mit einer programmatisch auswertbaren und politisch artikulierbaren Ideologie des Fortschritts ausstattet.

Aus beiden Verursachungsketten läßt sich nun, nach Gehlen, u. a. ableiten und durch die Anschauung bestätigen, daß das Verhältnis der Menschen zu den Regierenden, zu denen also, die an den Schalthebeln der undurchschaubaren Ereignisse sitzen, tendenziell negativ ist. Man neigt dazu, ihnen übervereinfachte, auf primitive Stereotype reduzierte Motive und Zielsetzungen zu unterschieben und fügt sich ihnen resignativ oder aufsässig. Ihnen wie auch den politisch-administrativen Institutionen gegenüber beginnt die Vorstellung schlecht funktionierender, von egoistischen Interessen beherrschter Apparaturen um sich zu greifen, „die man einfach umbauen"[5] muß, um die Probleme der Welt zu beheben. Allerdings betreffen die psychomoralischen Auswirkungen der Industrialisierung Gehlen zufolge keineswegs nur das Verhältnis der Menschen zum öffentlichen Bereich. Sie betreffen vielmehr gleichermaßen auch den Raum des Privaten. Das Verhältnis der Menschen zueinander ist zunehmend weniger von den feststehenden Stilisierungen bestimmt, die

---

[4] a.a.O., 76.
[5] a.a.O., 54.

sich früher aus der vorindustriellen Familien- und Standesordnung ableiteten. Die gegenseitigen Beziehungen der Menschen verlieren ihre ehemalige Geformtheit. Aus den festgefügten Rollen treten die einzelnen Individualcharaktere hervor, die jedoch aufgrund des ihnen mangelnden institutionellen Außenhalts unbestimmt, vieldeutig, zufällig und variabel werden. Dieser verhältnismäßig chaotischen Außen- und Innenwelt zu sich selbst freigesetzter Individuen gegenüber kann man, wie Gehlen meint, nur dadurch Entlastungen aufbauen, daß man im Hinblick auf das Psychische eine „chronische Wachheit und Reflexion"[6] aufbringt, d. h. die „Seele" selbst zum Gegenstand werden läßt. Es ergibt sich dadurch eine verfeinerte Kultur des Subjektiven, wie sie in früheren Zeiten undenkbar gewesen wäre. Daß es sich hierbei um ein Spätkultur- und Verfallsphänomen handelt, ist jedoch daran ablesbar, daß die Seele bevorzugt als geängstigt und vereinsamt und als Ort einer tiefsitzenden Selbstwertproblematik, gleichzeitig aber notwendigerweise auch als eigentlich substanzloses sujet de fiction entdeckt und erlebt wird.

Soweit — in drastischer Verkürzung und Vereinfachung — die Gehlensche Analyse der negativen sozial-moralischen Folgephänomene der Industrialisierung, von denen her der Gegenwart der Charakter der „Krise" zukommt. Wer Gehlen nur bis hierhin liest, mag das gelegentliche Vorurteil und Mißverständnis, er sei ein gegen den Strom denkender Kulturkritiker, bestätigt finden. Er wird sich allerdings dann, wenn er weiterliest, angesichts der unüberhörbaren Kritik der Kulturkritik, die Gehlen selbst vorträgt, verunsichert fühlen müssen. Gehlen zufolge reflektiert die Kulturkritik einerseits das Unbehagen und das Leiden, das die geschilderten Krisenphänomene hervorrufen. Er findet bei Denkern wie Scheler, Benn, Musil und Thomas Mann den ehrlich gemeinten Ausdruck des Gefühls eines vollständigen Chaos. Gehlen findet jedoch auch schärfere Worte gegenüber der Kulturkritik, aus denen seine Absetzung von ihr deutlich wird. So bezeichnet er sie als geistigen Reflex und Abwehrreaktion einer Schicht von Gebildeten, die in der technischen Gesellschaft in die Gefahr gerät, funktionslos zu werden, und die deshalb in die Opposition geht. Eine andere Quelle der Kulturkritik sieht er in der von der eigentlichen revolutionären Agitation abgedrängten politischen Opposition.

---

[6] a.a.O., 58.

Gleichermaßen wendet sich Gehlen nun allerdings auch gegen die Intellektuellen, die aus der Krise ihr Geschäft machen, indem sie ein „unruhiges Angebot von Ideologien"[7] produzieren, um gewissermaßen eine Marktlücke, die durch den Erfahrungsverlust und die Verunsicherung entstanden ist, abzudecken. Gemeinsam tragen, wie Gehlen meint, die Kulturkritiker und die Intellektuellen dazu bei, die Widersprüche und Konflikte der Übergangsepoche zu verstärken und das Leiden zu vergrößern, indem sie Rückwärtssentimentalität und uneinlösbare Vorwärtsutopik unter die Menschen bringen, anstatt ihnen die Einstellung auf die eigentlich zukunftsbestimmenden Entwicklungen zu ermöglichen.

Diese Auseinandersetzung mit den Kulturkritikern und insbesondere mit den Intellektuellen, nimmt, wie hier nur am Rande vermerkt werden kann, im Denken und Schreiben Gehlens während der letzten Lebensjahre einen immer breiteren Raum ein. Sie schlägt sich insbesondere in dem Buch „Moral und Hypermoral" von 1969 nieder. Der Gehlen der Periode zwischen 1949 und 1961, mit dem wir uns hier befassen, hält sich bei dieser Thematik allerdings nur vorübergehend auf. Er wendet sich einem weiterführenden Thema zu, auf das wir nach alledem, was wir bisher gehört haben, besonders gespannnt sein müssen, nämlich dem Charakter der eigentlich zukunftsbestimmenden Entwicklungen, dem also, was unter der Oberfläche der lauten, der prägnanten, der aufdringlichen Negativ- und Krisenphänomene der Gegenwart an „repräsentativen" Phänomenen heranreift.

Diese Dimension des Gehlenschen Denkens ist bisher — wo sie überhaupt gesehen und gewürdigt worden ist — vorwiegend mißverstanden worden. Für uns bringt diese an und für sich bedauerliche Tatsache den Vorzug mit sich, uns einige Überraschungen gönnen zu können. Die größte Überraschung ist dabei wohl die, daß hinter der vielfarbigen, teils in drastischen Tönen gehaltenen Wand des Negativen, des Pathologischen, des Unbehagen und Ratlosigkeit Weckenden, die Gehlen ausmalt, um die Krise des Übergangs zu schildern, gemäßigt Positives auftaucht, Positives, das nicht etwa als Ergebnis einer politischen Intervention und dramatischen Umkehr der Entwicklungsrichtung, sondern, gerade anders herum, als Ergebnis der Entwicklung selbst erwartet wird.

Wenn wir die verstreuten Einzelbemerkungen sammeln, die Gehlen zu dieser Thematik niedergeschrieben hat, dann gelangen wir zu dem folgenden Bild: Gehlen geht davon aus, daß die Krise ihren Höhepunkt bereits erreicht oder überschritten hat. Diese Tatsache läßt sich insbeson-

---

[7] a.a.O., 52.

dere an einem Prozeß ablesen, den man als ‚Domestizierung der Ideologie' ansprechen könnte. Gehlen meint, daß die großen Revolutionen der Ideengeschichte im Grunde bereits hinter uns lägen, daß, pointiert ausgedrückt, die Ideengeschichte abgeschlossen sei und daß wir insoweit schon im „posthistoire" leben würden. Ideen überleben, seiner Beobachtung zufolge, nämlich zunehmend nur noch da, wo sie „als Institutionen verkörpert" sind, die in die „Betriebsgesetze großer Industriegesellschaften"[8] eingegangen sind. Eine besondere Wirksamkeit in Richtung der Förderung dieses Vorgangs schreibt Gehlen den beiden Weltkriegen zu, als deren Hauptergebnis wir die Aufteilung der Welt in eine östliche und in eine westliche Welthälfte anzusehen haben. Gehlen meint, daß jede dieser beiden Welthälften ihre eigene Basisideologie entwickelt und internationalisiert habe und daß es dementsprechend nur noch zwei dominierende, politisch-gesellschaftlich institutionalisierte Ideologien gebe, die demokratische und die marxistische nämlich. (Er geht dabei davon aus, daß in den Entwicklungsländern keine Entwicklung in Richtung einer dritten Ideologie erkennbar sei, ein Gedanke, den er in dem 1975 erschienenen Spätwerk „Einblicke" nochmals ausdrücklich bestätigt.)

Es ist eben dieser Vorgang der Reduktion der Ideologien auf zwei innerhalb ihres Geltungsbereichs herrschende Basisideologien, den Gehlen auch mit dem Begriff der kulturellen „Kristallisation" anspricht. „Kristallisation" bedeutet, daß die Hochblüte des Deutungs- oder Ideologieangebots, aus dem man bislang noch individuell auswählen konnte, dem Ende entgegengeht. Dieser Vorgang hat zunächst etwas ‚Negatives' und Erschreckendes an sich, weil er die Chancen des einzelnen vermindert, von der ideologischen Ebene her eine seine sehr spezielle Erlebnislage treffende Sinndeutung des Geschehens angeboten zu erhalten, und weil er, weit darüber hinaus, die Möglichkeit, der gesellschaftlichen Entwicklung überhaupt einen übergreifenden „Sinn" abzugewinnen, immer mehr eliminiert. Die „große Schlüsselattitüde" der Vergangenheit stirbt ab, wie Gehlen emphatisch erklärt. Dieses Ende, das u. a. auch das Ende der überkommenen Philosophie bedeutet, ist, so fügt er sofort hinzu, aber eigentlich gar „nicht so bedenklich"[9]. Denn wenn auch der Zusammenhang der Welt nicht mehr in den Köpfen der Menschen hergestellt werden kann, so wird er doch zunehmend „in der gesellschaftlichen Praxis" selbst hergestellt. Die im Kontext der Anthropologie deutlich werdende

---

[8] Über kulturelle Kristallisation (1961), jetzt in: Studien zur Anthropologie und Soziologie (1963), 316.

[9] Über kulturelle Kristallisation, a.a.O., 319.

Tatsache, daß für Gehlen das reflexive Denken der Philosophie kein Wert an sich, sondern nur ein Instrument der Entlastung ist, deren eigentliches Organon die Institutionen sind, findet hier, auf der Ebene der soziologischen Analyse, ihre Entsprechung. Das arbeitsteilige Leistungssystem der Industriegesellschaft selbst ist für Gehlen die für die Epoche gültige Manifestation des „wirklichen Geistes", der gegenüber bloßes Reflektieren unwesentlich wird.

Man muß an diesem Punkt etwas ergänzen, was Gehlen nicht direkt sagt, was aber notwendiger Bestandteil seines Denkzusammenhangs ist, daß nämlich in Verbindung mit der Schrumpfung des Deutungsangebots auch das Deutungs- und Ideologiebedürfnis abstirbt. Es wird, so kann man interpretieren, durch die Verbindung von Basisideologie und institutionengesteuerter Praxis absorbiert. Hinzu kommt, nach Gehlen, eine große Ausdehnung des Verlangens nach irdischem Wohlbefinden, die an und für sich — aus der überkommenen Wertungsperspektive heraus betrachtet — ebenfalls etwas Erschreckendes hat, weil sie das Ende älterer asketischer Tugenden und Ideale anzeigt, die aber dennoch in voller Übereinstimmung mit der realen Tendenz und Leistungsfähigkeit des Industriesystems ist und seine Konsolidierung anzeigt. Dessen zunehmende Produktionskraft produziert die wachsenden Bedürfnisse nämlich selbst, und zwar als die Vorbedingung und Grundlage ihrer nachfolgenden Befriedigung. Die wachsende Orientierung der Werte und Wünsche am Konsumierenwollen ist ein Systemimperativ, der nicht nur als irreversibel anzusehen ist, sondern der darüber hinaus auch gewollt werden muß, weil ohne ihn das Industriesystem gar nicht existieren könnte. Das Konsumbedürfnis ist, so kann man Gehlen überpointierend ergänzen, ein notwendiger und wesentlicher Aspekt derjenigen „Seele", die ein stabiles Verhältnis zur Industriekultur gewonnen hat.

Man muß an dieser Stelle auf der Grundlage von Gehlens eigener Gedankenführung fragen, ob denn in der vollentwickelten Industriekultur der Zukunft auch die eigentliche Grundlage des ideologischen Bedürfnisses, die Verunsicherung des Menschen in der Abhängigkeit von einer seiner Erfahrung entzogenen gefährlichen Welt nämlich, verschwindet. Gehlen antwortet auf diese Frage mit der Umrißskizze einer „rationalistisch organisierten Gesellschaft". In dieser wird mit seinen Worten ein Trend zur Selbstregulation „in Richtung auf die wirksamste und leichteste Verarbeitung aller Daten im gesellschaftlich-geschichtlichen Prozeß"[10] wirksam.

Nun, fast die gleichen Formulierungen finden sich bereits in seinem anthropologischen Zentralwerk, in dem Buch „Der Mensch", wo er — im Zusammenhang mit der Darstellung des Entlastungsprinzips — erklärt, der Mensch habe ganz grundsätzlich eine Fähigkeit, „mit kleinstem Energieaufwand und in höchsten, freiesten — d. h. entlasteten — Leistungen sich selbst vorzugreifen, zurückzugreifen, sich ein- und umzustellen, zu entwerfen und von daher seine Tätigkeit zur Arbeit, in gerichteter Tat einzusetzen"[11]. Wie sieht aber die Realisation dieser Fähigkeit in der „rationalistisch organisierten Gesellschaft" nun eigentlich aus? Gehlen antwortet überraschenderweise an einer Stelle mit einer Kette von Hinweisen, die auch und gerade dem Gehlenkenner und -freund ungewöhnlich erscheinen mögen: „Ausschließung allen gewinnerzielenden Privateigentums, Regelung der Güterherstellung ausschließlich nach den gemeinsamen Bedürfnissen und den Bedürfnissen der einzelnen, Festsetzung und Normierung der Bedürfnisse"[12] sind, wie er meint, heute bereits als realistische Züge künftiger Gesellschaftswirklichkeit erkennbar.

Gehlen hat diesen Ausgriff in den Bereich staatssozialistischer Vorstellungen an keiner anderen Stelle seines Werkes wiederholt oder auch nur erläutert, so daß im Hinblick auf eine verallgemeinernde Interpretation große Vorsicht am Platz ist.. Die Gehlenforschung wird sich, wie ich meine, gerade auch mit diesem Punkt noch näher zu befassen haben.

Blicken wir nun nochmals auf Gehlens Abschilderung der negativen Phänomene der Übergangsphase zurück, dann fällt uns eine vorerst noch offene Stelle ins Auge, die durch die bisher erwähnten Züge der „rationalistisch organisierten" Zukunftsgesellschaft sogar noch weiter betont zu werden scheint: die Zerstörung der agrarischen Moral und die aus ihr fließende Enthemmung nämlich. Nimmt Gehlen, so müssen wir uns fragen, etwa an, daß das wirtschaftliche Wachstum, dessen Unverläßlichkeit wir inzwischen kennen, zu einer restlosen Absorbierung dieser Enthemmung fähig sein werde? Geht er davon aus, daß in der Zukunftsgesellschaft grenzenlose Bedürfniserfüllung an die Stelle einer eingrenzenden und hemmenden Ethik treten kann?

Nun, zweifellos ist dies nicht der Fall. Gehlen spricht zunächst davon, daß in der Zukunftsgesellschaft, im „modernen durchrationalisierten Gemeinwesen", wie es ihm offenbar vor Augen steht, die Religion eine

---

[10] Die Seele im technischen Zeitalter, a.a.O., S. 91.
[11] Der Mensch. Seine Natur und seine Stellung in der Welt (4., verbesserte Aufl. 1950), 66.
[12] Die Seele im technischen Zeitalter, a.a.O., 78.

gefestigte Position haben wird, weil sie vom Ende der Ideologie nicht betroffen ist und weil, wie wir ergänzen können, auch dem weiterentwickelten Sozialstaat nicht daran gelegen sein kann, der „Zweckmäßigkeit" der Religion in den Arm zu fallen. Außerdem ist aber, wie Gehlen ausführt, in der entwickelten Industriekultur damit zu rechnen, daß gerade die auf die Überflußgesellschaft hinzielende Dynamik „die nackten biologischen Probleme der Überbevölkerung, der Lebensverlängerung, der Geburtenbeschränkung und Welternährung"[13] in einem Maße in den Vordergrund treten läßt, das selbst in der durch Mangel gekennzeichneten vorindustriellen Welt kaum vorstellbar war. An diesem Punkt ergibt sich, wie Gehlen ausführt, ein wachsender Zwang zur Umsetzung von Erfahrung in Ethos und zu einer „neuen nüchternen und praktischen Wendung der Moral"[14]. Das Industriesystem produziert somit aus sich selbst heraus lebensdienliche Normen der Einschränkung, die bis auf die Ebene der individuellen Lebensgestaltung durchschlagen und die einen Hemmungen gewährleistenden Katalog von Regeln und Pflichten entstehen lassen. Diese Normen können letztlich als Äquivalent an die Stelle der funktionslos gewordenen alten Agrarmoral treten. Gehlen macht verschiedentlich deutlich, daß neben den modernen Basisideologien auch und gerade dem Recht als formierender Institution an diesem Vorgang der moralischen Rekonsolidierung und Stabilisierung eine wesentliche Rolle zukommt.

Es wäre verlockend, aus der Nachdrücklichkeit, mit der Gehlen schon in der Nachkriegszeit auf die uns heute bedrängenden Probleme der Überbevölkerung, der Lebensverlängerung, der Geburtenbeschränkung, der Welternährung oder allgemeiner ausgedrückt: der Knappheit hingewiesen hat, auf das hohe „prognostische Potential" seiner Analyse zu schließen. Eine empirische Kontrolle dieses Typs könnnte gewiß auch an weiteren wichtigen Punkten auf Aussagebestätigungen hoffen. Ganz sicherlich würden sich dabei aber auch Probleme und Grenzen ergeben, denn die Gehlensche Analyse ist nicht unmittelbar auf eine Überprüfung mit den Mitteln empirischer Sozialforschung angelegt. Auch der Zeithorizont, den sie einbezieht, bleibt grundsätzlich offen und überspannt weite, schwer abgrenzbare Entwicklungsräume. Die Gehlensche Analyse gestattet sich überdies idealtypische Hervorhebungen, deren Umsetzung in

---

[13] Über kulturelle Kristallisation, a.a.O., 328.
[14] Ebd.

empirisch-analytische Datenerhebungen und -auswertungen enorme Komplizierungen mit sich bringen müßte. Es liegt somit näher, den Weg der immanenten Darstellung und Verdeutlichung, den ich bisher verfolgt habe, auch nunmehr, wo wir uns dem Abschluß unserer Betrachtung zuwenden, beizubehalten.

Dabei wollen wir zunächst registrieren, daß vielen der gerade eben geschilderten „repräsentativen" Phänomene, aus welchen sich die Richtung und die größer werdende Nähe der industriellen Zukunftsgesellschaft jenseits der Krise ablesen lassen, mit Gehlens eigenen Worten eine deutliche „Doppelsinnigkeit" und „Zweideutigkeit" anhaftet. Die Kristallisation, das Absterben der Philosophie, die Institutionalisierung und Verstaatlichung der Ideologie bei gleichzeitiger Re-Stabilisierung der Religion, das Umsichgreifen staatlich verantworteter Planungs- und Steuerungsaktivitäten, die Ausbreitung einer unpolitischen, gegebene Systembedingungen nicht mehr in Frage stellenden Freizeit- und Konsumkultur bei gleichzeitiger Konzentration der Menschen auf arbeitsteilige Spezialaufgaben, darüber hinaus auch ihre Disziplinierung im Zeichen elementarer Knappheitsgefahren — all dies mag, wie Gehlen anerkennt, dem auf den Bahnen der europäischen Denktradition wandelnden Beobachter als direkter Ausdruck und Bestandteil der „Krise" selbst erscheinen. In der Tat gehört es zu der Sonderstellung Gehlens, daß er diese Phänomene demgegenüber auf ihre Zukunfts-Repräsentativität hin analysiert und als notwendige Komponenten einer weiterentwickelten Industriegesellschaft klassifiziert. Dies gilt übrigens auch für den vielfach im Zentrum der Gegenwartskritik stehenden, seit Hölderlins Hyperion ergreifend thematisierten und mit Musils „Mann ohne Eigenschaften" zum Gegenstand der modernen Romanproduktion werdenden Sachverhalt der Auflösung der Persönlichkeit in eine arbeitsteilige Rollen- und Schnittpunktexistenz. Auch dieser Sachverhalt wird von Gehlen bestätigt, gleichzeitig aber ins gemäßigt Positive einer der Stabilisierung des menschlichen Lebenszusammenhanges dienlichen Entwicklung gewendet. Der von Herrn Ryffel betonte „Pragmatismus" Gehlens, die in seiner Anthropologie wurzelnde Sicht auf den Menschen als eine riskierte, weil instinktschwache, auf kompensatorische Handlung mit dem Ziel der Entlastung und Stabilisierung angewiesene Existenz, findet hier einen unmittelbaren Niederschlag.

Es ist dieser und nur dieser anthropologische Theoriehintergrund, der Gehlen bei seiner Analyse der modernen Industriegesellschaft zur Aufdeckung einer Doppelsinnigkeit und Zweideutigkeit der geschilderten

Art befähigt und der es ihm erlaubt, die bestehende Krise als eine Übergangserscheinung zu interpretieren, die zur Stabilisierung einer neuen Industriekultur hinführt. Es ist nur dieser anthropologische Theoriehintergrund, der es Gehlen erlaubt, Entwicklungen, die vordergründig betrachtet zur Resignation oder radikalen Kritik Anlaß geben, mit dem nüchternen Signum der „Repräsentativität" zu belegen und affektfrei als zukunftsbestimmend zu kennzeichnen. Es ist letztlich aber auch dieser anthropologische Theoriehintergrund, der den Zuschnitt und die Farbe des Gehlenschen Bildes der industriegesellschaftlichen Zukunft bestimmt.

Dieses Bild ist so gekennzeichnet, daß es weder der Emphase noch der Resignation griffige Anhaltspunkte liefert. Es eröffnet vielmehr die Sicht auf eine langfristige menschlich-gesellschaftliche Entwicklung, vor der all die Emotionen, all die idealistischen Aufschwünge, all die großen Motive des pro und contra, die bisher die Frage nach der Zukunft begleitet haben, schal werden und verstummen müssen. Man könnnte sagen, daß in der kühlen Atmosphäre der Landschaft, die uns Gehlens Analyse aufweist, die Fahnen der Utopie wie auch die des am Überkommenen hängenden Widerstandes schlaff werden. Gleichzeitig ist dies aber auch eine Landschaft, die gewissermaßen quer durch aktuelle politische Frontstellungen hindurchragt und sie relativiert. Es ist eine Landschaft, aus deren Perspektive betrachtet die Parteinahme für jeweils Aktuelles und die Gemüter Erregendes schwerfällt, die vielmehr scharfe Distanz auferlegt und Neigungen zur Ironie, zum Sarkasmus, zur Verbitterung angesichts augenscheinlicher Verblendung, oder auch zur verzeihenden Nachsicht freisetzt. Es ist letztlich auch eine Landschaft, die vielleicht in einem gewissen Maße auf Vordergründiges eingegrenzt und mißverstanden werden muß, um innerhalb des Alltagsgeschäfts der aktuellen geistigen und politischen Auseinandersetzung verwertet und nutzbar gemacht werden zu können.

Wir verstehen, wenn wir die ‚Unzeitgemäßheit' der Gehlenschen Analyse überblicken und gleichzeitig die Verstecktheit mancher ihrer Teile in Betracht ziehen, warum Gehlen vielfach zum Objekt von Angriffen, aber auch von Inanspruchnahmen wurde, die ihn eigentlich nicht oder nur peripher betreffen. Wir verstehen von hierher auch manche seiner eigenen, oft von schneidender Schärfe gekennzeichneten Ausfälle, mit denen er Freund und Feind zugleich berannte.

Was wir von hierher aber auch zu verstehen haben, ist die Tatsache, daß Arnold Gehlen heute in zunehmendem Maße von gänzlich unerwarteten Standorten her als eine der absolut überragenden geistigen Potenzen des Zeitalters gewürdigt und als entscheidender Wegbereiter zukünftigen Wissens um die Welt, um den Menschen, um die Wirklichkeit gefeiert wird. Eine der wohl überragendsten und unerwartetsten Feststellungen dieser Art stammt von dem eigenwilligen Marxisten Wolfgang Harich, der Gehlen kürzlich an die Seite von Marx gestellt hat und der erklärt hat, ungeachtet der sonstigen Aversion gegen Gehlen müßten dessen — kritisch zu rezipierende — Errungenschaften mit der marxistischen Politökonomie zu einer Synthese verschmolzen werden, weil die Marxschen Erkenntnisse nach der biologischen und psychologischen Seite hin sonst in der Luft hängen bleiben würden[15]. Nun, in der Tat, wer sich über eine so oder so gelagerte Abwehrschwelle hinwegzusetzen vermag und sich ganz in Gehlens Werk versenkt, wird — bei aller sonstigen Aversion, die er haben mag — nicht umhinkönnen, den unerschöpflichen Gedanken- und Formulierungsreichtum, die subtile Beobachtungsgabe, die stupende Fähigkeit zur Verarbeitung von Informationen unterschiedlichster Art und die damit nur selten in Konflikt geratene grandiose Konsequenz der Durchhaltung übergreifender erkenntnisleitender Gesichtspunkte, die sich in diesem Werk dokumentieren, zu bewundern.

Allerdings führt der durch das Harich-Zitat nahegelegte Vergleich von Gehlen und Marx nun auch zu einer Abgrenzung und Unterscheidung, mit der ich meine Ausführungen beenden will: Marx war, wie Joseph Schumpeter deutlich gemacht hat, nicht nur Wissenschaftler, sondern gleichzeitig auch Lehrer und Prophet[16]. Daneben war er, wie wir wissen, auch Propagator und Organisator der frühen Stadien einer welthistorischen Massenbewegung. Gehlen war ausschließlich ein Denker, der seine Schriften in Gelehrtenmanier veröffentlichte und der sich, was seine Lehrtätigkeit anbelangt, gern mit dem kleinen Zirkel zufriedengab. Gehlen gestattete sich außerdem, wie Herr Ryffel schon angedeutet hat, persönliche „Vorbehalte", oder sagen wir lieber: Ausweichräume gegenüber seinen eigenen Einsichten, die einem Mann wie Marx fremd waren und fremd bleiben mußten. Die Überzeugung von der objektiven Richtigkeit und Notwendigkeit seiner Analyse machte Gehlen nicht zum Herold und politischen Vorkämpfer ihrer Ergebnisse. Im Gegenteil: Die „Doppelsinnigkeit", die er den von ihm analysierten Phänomenen zuschreibt, findet sich auch in seiner eigenen Stellungnahme zu ihnen. In seinen Ausführungen über die Chancen der „Persönlichkeit" in der „ra-

---

[15] Wolfgang Harich: Kommunismus ohne Wachstum? Babeuf und der „Club of Rome" (1975), 175 ff.
[16] Joseph A. Schumpeter: Kapitalismus, Sozialismus und Demokratie (2., erweiterte Aufl. 1950), 19 ff.

tionalistisch organisierten Gesellschaft" beschreibt er u. a. einen sehr esoterischen, durch die aufkommenden Verhältnisse hart bedrängten Möglichkeitstyp der Persönlichkeit, an dem ihm selbst sehr viel gelegen zu sein scheint. Dieser Typ zeichnet sich durch einen „Realitätssinn" aus, der „das Negative" einrechnet, der sich gegenwärtig hält, daß „am Leben nicht eben viel daran ist"[17], der die Begrenztheit, in der er existieren muß, die Notwendigkeit des Verzichts gegenüber überkommenen idealistischen Selbst- und Weltbildern als scharf gestelltes Problem in den Blick nimmt und daran leidet, der bereit ist, zu verstummen, Ratlosigkeit einzugestehen, wo andere wohlklingenden propagandistischen Formeln huldigen, der die „Dürre und Trockenheit" des Lebens hinter den reichen und immer reicher werdenden Fassaden der öffentlichen Lebensveranstaltung nicht verdrängt, sondern als Erfahrung annimmt, ergreift und durchhält.

Mit diesem Fragezeichen der Wertung, der Stellungnahme, das er hinter seine Diagnose, hinter das von ihm aufgedeckte positive, wesensverwirklichende, von grundsätzlicher Richtigkeit und Notwendigkeit gekennzeichnete industriegesellschaftliche Fatum des Menschen schreibt, hält sich Gehlen, der Denker, der Analytiker, der Kritiker, der Desillusionist, der Entzauberer des Konservativen wie auch des Utopischen, der Realitätsfanatiker, ein Tor zur Freiheit einer tapferen, wenngleich keineswegs nihilistischen Skepsis offen. Es handelt sich bei diesem Fragezeichen wohlgemerkt nicht um den pflichtmäßigen Zweifel an der empirischen Richtigkeit der eigenen Einsicht, die man landläufigerweise dem „Theoretiker" als ein Opfer auf dem Altar des wissenschaftlichen Fortschritts abfordert. In solch landläufigem Sinn ist Gehlen wohl kaum als „Theoretiker" ansprechbar. Vielmehr handelt es sich um ein Fragezeichen, das zwischen Wissenschaft und Politik, zwischen Erkenntnis und Engagement, zwischen Einsicht in das Notwendige und Programmatik einen bedeutungsvollen Trennraum entstehen läßt. Wo bei Marx die Eschatologie, der Aufruf zum siegreichen Einzug ins tausendjährige Reich steht, findet sich bei Gehlen ein nüchternes: ‚Gehe weiter, weil Du nicht anders kannst, und versuche, die Welt und somit Dich nicht zu verlieren!' Moral in diesem Sinne praxisbejahender Askese ist die Konsequenz, in die Gehlens Analyse der modernen Industriegesellschaft für ihn selbst mündet.

---

[17] Das Ende der Persönlichkeit? (1956), jetzt in: Studien, a.a.O., 335.

Printed by Libri Plureos GmbH
in Hamburg, Germany